W0221624

Ich wünsche mir einen Engel

Peter Spangenberg

Ich wünsche mir einen Engel

Segensgebete mitten im Alltag

Mit Abbildungen von Anja H. Förster

EVANGELISCHE VERLAGSANSTALT
Leipzig

Für Steffi und Martin Wolff

LIEBE – in einer lieblosen Welt.
GNADE – in einer gnadenlosen Welt.
BARMHERZIGKEIT – in einer unbarmherzigen Welt.
FRIEDEN – in einer friedlosen Welt.
VERANTWORTUNG – in einer verantwortungslosen Welt.
GEWISSEN – in einer gewissenlosen Welt.
WAHRHEIT – in einer verlogenen Welt.
HOFFNUNG – in einer verzweifelten Welt.
DEMUT – in einer hochmütigen Welt.
ERFÜLLUNG – in einer leeren Welt.
VERSÖHNUNG – in einer zerstrittenen Welt.
FREIHEIT – in einer geängstigten Welt.
GLAUBE – in einer gottlosen Welt.

DAS IST SEGEN

Diesen Segen will ich in mein Gebet nehmen.

Peter Spangenberg

INHALT

SEGNE UNS

Dass Gott dich liebt – das glaubst du.
Dass Gott dich segnet – das spürst du.
Dass Gott dich beschenkt – das weiβt du.
Dass Gott dich behütet – das hoffst du.
Dass Gott dich trägt – das erfährst du.
Dass Gott dich begleitet – das brauchst du.
Dass Gott dich versteht – das ahnst du.
Dass Gott dir vergibt – das bekennst du.
Herr Gott, Vater, Sohn und Geist:
Segne uns.

Amen.

LIEBE

Liebe braucht Raum, denn sie will wohnen.
Liebe braucht Zeit, denn sie will weilen.
Liebe braucht den Augenblick,
denn sie braucht die Verabredung.
Liebe braucht Atem, denn sie will dauern.
Liebe braucht Geduld, denn sie will warten.
Liebe braucht Ja, denn sie will hoffen.
Liebe braucht Gesicht, denn sie will Wahrheit.
Liebe braucht Kontur, denn sie braucht Klarheit.
Liebe braucht Gewissen, denn sie braucht Ehrfurcht.
Liebe braucht Demut, denn sie will leben.

Gott ist Liebe, das lese ich.
Gott ist Liebe, das glaube ich.
Gott ist Liebe, das brauche ich.

Da hat alle Liebe ihren Grund.
Liebe ist Segen, dichter, umfangender Segen,
Erlebnis und Erkenntnis,
Hoffnung und Fundament.
Das ist mein Gebet.
Das ist mein Ziel.

Amen.

MEIN KIND

Ich knie an deinem Bettchen;
ich höre deinen Atem, mein Kind.
Ich sehe deine kleinen Finger –
wann wirst du mit ihnen die Welt begreifen?
Ich sehe deine kleinen Ohren –
wann wirst du mit ihnen das Leben vernehmen?
Ich sehe deine kleine Nase –
wann wirst du mit ihr das Gute wittern?
Ich sehe deine kleinen Augen –
wann wirst du mit ihnen den Sinn erkennen?
Ich knie an deinem Bettchen, mein Kind.
Ich bringe dir nicht Gold, Weihrauch und Myrrhe.
Ich bringe dir meine ganze Liebe.
Ich habe dich auch in Windeln gewickelt,
und Gott wickelt dich in seinen Segen:
Das ist mein Gebet,
das ist meine Hoffnung.
Ich bin so dankbar.

Amen.

MUTTER

Ich bin deine Mutter,
ich bin deine Mutter.
Ich habe nicht einfach nur
neun Monate lang gewartet.
Ich gab dir Schutz in meinem Bauch
und habe dich doch zur Welt gebracht.
Ich habe dich erwartet.
Ich habe dich ersehnt.
Ich habe gebangt und gehofft.
Ich war so aufgeregt.
Ich bin deine Mutter.
Ich habe dich gewickelt und gefüttert.
Ich habe dich und deine Sorgen getragen.
Ich habe dich getröstet und für dich gesungen.
Ich trage immer noch Sorge um dich.
Ich gebe dir immer noch Schutz,
so gut ich kann, so viel du brauchst.

Ich bin deine Mutter.
Ich habe mit dir gespielt und gelacht.
Ich habe dich wachsen sehen und
mich an deiner Freude erfreut.
Ich habe dich in meinem Leben
aus tiefstem Herzen willkommen geheißen.
Ich habe immer noch so viel Liebe für dich.
Ich spüre noch immer die Nabelschnur.
Ich bin für dich da, solange ich lebe.
Ich segne dich, mein Kind, mit meinem Gebet.

Amen.

VATER

Ich sitze an deinem Bett, mein Kind.
Ich bin gern dein Vater.
Jetzt schläfst du schon. Die Nacht bricht an.
Du hörst mich nicht.
Ich flüstere dir meine Gedanken.
Ich kann dich beschützen,
aber nicht vor allem bewahren.
Ich kann dich begleiten, aber gehen musst du selber.
Ich kann dir helfen, aber zupacken musst du selber.
Wir können vieles zusammen tun und erleben,
aber dein Leben musst du selber gestalten.
Ich werde dir auch meine Schwächen und Fehler
nicht verheimlichen;
ich will mich auch bei dir entschuldigen,
wenn ich dich verletze.
Ich hoffe, dass es stets die Brücke des Vertrauens
zwischen uns gibt.
Erwarte bitte nicht von mir, dass ich immer stark bin.

Ich will auch weinen können, ohne mich zu schämen.
Zwei Dinge sind für mich ganz besonders wichtig,
wenn ich an uns beide denke:
Liebe und Wahrhaftigkeit.
Dann werden wir uns fest halten,
solange es uns erlaubt ist.
Ich verspreche dir, Zeit für uns zu finden,
so gut ich kann.
Du bist für mich ein Geschenk Gottes.
Deshalb erbitte ich auch seinen Segen für dich.
Ich hoffe, du wirst diesen Segen entdecken
wie eine Quelle mit frischem Wasser.
Gute Nacht!

Amen.

DEINE TAUFE

Wir freuen uns auf dein Fest!
Du wirst den Namen Christ tragen.
Das ist Ehre und Auszeichnung, und du wirst
zu einer großen weltweiten Familie gehören.
Dein Taufspruch wird wie eine Leuchtschrift
über deinem Leben stehen.
Das Wasser gehört dazu, wie die Rinde zum Baum.
Es ist Zeichen des Lebens und der neuen Zeit.
Du wirst im Namen des dreieinigen Gottes getauft:
Wirker, Werk und Wirkung für alle Zeit. Und:
Du wirst gesegnet; wir werden unsere Hände
über deinen Kopf halten und Gottes Nähe erbitten,
dass du dich einkuschelst in seine Obhut
und ihm die Treue hältst.
Und deine Paten werden dir Wegweiser sein.
Du wirst Gottes Segen spüren,
wenn dein Herz offen bleibt und du dich einlebst
in die bunte Schöpfung.

Amen.

1. SCHULTAG

Wohin geht dein Weg, mein Kind?
Du wirst eigene Erfahrungen sammeln,
ja, sammeln müssen.
Wir können dir nichts abnehmen, nichts ersparen.
Du wirst deinen eigenen Weg gehen.
Wo du uns brauchst, sind wir da – wir, die
Erwachsenen, Eltern und Paten, Freunde und Lehrer.
Aber du hast deine Beine, deine Hände, deine Augen,
Ohren und deine Nase: deine Sinne, die du brauchst,
um dich zurechtzufinden.
Du hast deinen Kopf, um Lesen und Schreiben
zu lernen, Rechnen und Zeichnen
und viele viele Dinge mehr.
Du hast auch dein Rückgrat, um aufrecht zu gehen.
Du hast dein Herz, um Gefühle zu haben,
und du hast deine Seele.
Sie ist dein wichtiger Kompass, den du brauchst,
wenn du mit Gott sprechen willst und wenn du
mit Menschen wahrhaftig leben willst.

Dein erster Schultag ist wie eine
weit geöffnete Zeittür.
Geh mutig hindurch,
denn du bist keinen Augenblick allein.
Gottes Segen umgebe dich,
seine Liebe wird dich tragen,
und seine Kraft fülle dich
mit Zärtlichkeit und Zivilcourage.

Amen.

EIN KIND

In Gottes Augen ist ein Kind
das berühmteste Modell für die Menschheit:
In seiner Kleinheit ist es angewiesen
auf haltende Hände.
In seiner Neugier ist es angewiesen
auf gute Antworten.
In seiner Kühnheit ist es angewiesen
auf verlässliche Begleitung.
In seinem Vertrauen ist es angewiesen
auf eindeutige Wahrhaftigkeit.
In seinen Ängsten ist es angewiesen
auf segnende Obhut.
»Wenn ihr nicht werdet wie die Kinder …« –
ein Kind ist weder Besitz noch Spielball,
weder Vorzeigestück noch Objekt.
Ein Kind ist Subjekt!
Ein Kind hat eigene Würde, eigene Erlebnisse,
eigene Träume, eigene Sprache, eigene Bilder.

Ein Kind ist ein Kind:
kein zu kurz geratener Erwachsener,
kein Laufstegmodel.
Ein Kind ist ein Kind!
Nicht einfach Namensträger, nicht einfach Erbe,
nicht einfach Glück oder Erfüllung der Eltern.
Ein Kind ist ein Kind!
Erfüllungsträger des Schöpfers, Spiegel Gottes,
Leihgabe an die Eltern und die Menschen,
die sich bereit finden, das Kind zu lieben.
Und lieben, das heißt:
beschenken und laufen lassen;
in die eigene Freiheit.

Amen.

KONFIRMATION

Das wird ein großer Tag, dein Ja zum Glauben,
dein Bekenntnis zur Taufe,
dein bewusster Schritt in die Kirche,
deine Antwort auf die Frage,
ob du die Nachfolge Christi leben willst.
Bitte, sag dein Ja leise.
Nimm den Mund nicht zu voll.
Bitte, sprich dein Bekenntnis deutlich,
dass die Welt dich hört.
Bitte, tu deinen Schritt selbstbewusst,
denn ein neuer Weg beginnt.
Bitte, gib deine Antwort von ganzem Herzen,
damit daraus Verantwortung wächst.
Und dann wirst du eingesegnet;
dir wird die Liebe Gottes gespendet;
du wirst in Gnade eingehüllt;
dir wird die Hand aufgelegt.
Das ist ein wunderbarer Augenblick
der unfasslichen Nähe Gottes.

Ich aber, ich werde in der Bank sitzen
und mit Gott über dich reden:
Dass du einmalig und besonders bist,
weil du zu seinen Menschen gehörst.
Ich werde für dich beten,
dass sein Segen dich begleitet.

Amen.

TRAUUNG

Sieh mich an, mein Mann!
Sieh mich an, meine Frau.
Ich liebe dich, ich suche dich, ich brauche dich.
Nimm mich bitte so, wie ich bin.
Übersieh möglichst wenig,
damit deine Enttäuschungen klein bleiben.
Aber leg mich nicht fest auf das Bild,
das du heute von mir hast,
sondern nimm mich auch so,
wie ich einst sein werde.
Gewiss kann ich nicht
alle deine Erwartungen erfüllen und beantworten.
Aber Liebe kennt beides:
die Kühnheit der Träume
und das Lächeln der Bescheidenheit.
Ich freue mich auf unsere Ehe
und nehme mir vor:
Nie ohne Versöhnung aus dem Haus;
nie ohne Versöhnung einschlafen!
Wenn wir jetzt getraut werden,

dann würde ich dich gern fragen:
Nimmst du mich als Geschenk Gottes,
das du sorgsam hüten
und in allen Höhen und Tiefen
des Lebens in Liebe begleiten willst?
Und willst du unsere Ehe führen
im gemeinsamen Versuch,
dem Auftrag Gottes zu entsprechen
in der Freiheit eines verantwortlichen Lebens?
Willst du das,
solange die Kraft zum Leben reicht
und Gott es uns erlaubt,
dann antworte: Ja, mit Gottes Hilfe!

Meine liebe Frau, mein lieber Mann,
so erbitten wir Gottes Segen,
seinen heiligen Mantel,
der uns wärmt und schützt.

Amen.

SCHÖPFUNG

Ich stehe in der Nacht und sehe deine Milchstraße.
Ich sitze am Meer und sehe deine Sonne.
Ich stehe auf dem Berg und erlebe deine Pracht.
Ich sitze im Flugzeug und sehe deine Wolken.
Ich gehe durch den Garten und höre den Zaunkönig.
Ich liege im Sommer und erlebe deine Schwalben.
Ich fahre durch das Land und sehe die Viehtransporte.
Ich gehe durch die Felder und sehe das Gift.
Aber ich will zu denen gehören,
die deine Schöpfung zu Recht lieben.
Ich will zu denen gehören,
die deine Kreaturen beschützen.
Doch ich brauche Gefährten und Vertraute.
Menschen suche ich,
die mit wachem Gewissen und viel Zivilcourage
das Leben behüten und den Zerstörern Einhalt gebieten.
Mein Gott, segne mich in meinen Gedanken
und zeige mir Wege.

Amen.

GEBURTSTAG

Ich lebe. Ich sehe mich im Spiegel.
Das bin ich. Ich bin ich.
Unverwechselbar ich.
Ich bin ein Original.
Ich bin keine Kopie.
Mich gibt es nur ein Mal;
nur *ein* Mal!
Ich bin ein Mensch.
Ich bin dein Mensch, mein Gott.
Ich komme aus deiner Schöpferwerkstatt.
Im 139. Psalm steht:
»Ich danke dir, dass ich so wunderbar gemacht bin;
das erkennt meine Seele wohl.«
Seit Hunderttausenden von Jahren
gibt es deine Menschen,
und sie haben viel Schuld auf sich geladen
und tun es heute noch.
Aber an meinem Geburtstag will ich danken:

für alle Wunder in dieser Welt,
für alle Überraschungen im Alltag,
für die Zeit, die du uns gewährst,
für die Menschen, die ich liebe,
für die Gedanken, die ich denke,
für die Träume, die ich habe,
für die Liebe, dich ich verschenken kann,
für die Ideen, die mich bereichern,
für die Kritik, die ich erfahre
und für dein Wort!
Ja, mein Gott, für dein Wort,
dessen Segen meine Orientierung ist.
Mit allen meinen Fehlern
und mit all meinem Versagen
fühle ich mich gut aufgehoben bei dir.
Jetzt freue ich mich auf meine Gäste.

Amen.

WELT

Ich fahre mit dem Finger über den Globus:
meine Welt. Mutter Erde. Mein Raumschiff.
Mein blauer Planet. Ich schwärme für dich.
Du begeisterst mich.
Deine Überraschungen faszinieren mich:
Die Kräfte und Schätze,
die Formen und Farben,
die Wasser und Tiefen,
die Pflanzen und Tiere,
die Erdteile und Himmel,
die Wolken und die Länder,
die Bewegungen und die Sonne,
der Mond und das Firmament!
Mutter Erde, ich schwärme für dich.
Ich ahne es mehr, als dass ich es weiß:
Unermessliche Allräume umgeben dich,
Millionen von Sonnen, magnetische Kräfte,
Gaseruptionen und Finsternis.
Du mein blaues Raumschiff, du bietest im Namen
und im Sinne deines Schöpfers

auch uns Menschen alle Chancen und Möglichkeiten:
den Reichtum der Hautfarbe,
die Spannbreite der Ideen und Erfindungen,
die Vielfalt der Sprachen und Traditionen.
Mutter Erde, du trägst unsere Welt,
die so Furchtbares erleidet,
weil so viele Menschen in Geschichte und Gegenwart
die Ehrfurcht verlernt haben, und mit ihr das Staunen,
und mit dem Staunen das Danken.
Ich möchte gern zu den Menschen gehören,
die dich ins Gebet nehmen,
damit die Zukunft offen bleibt
unter dem Regenbogen,
der an das alte Vertrauen Gottes
in die Menschen erinnert.
Aber wir brauchen gewiss viele Gefährten,
die mit uns beten wollen,
dass Gott seinen Segen nicht zurücknimmt.

Amen.

ARBEIT UND BERUF

Für das Leben muss ich lernen.
So halten es die Tiere,
und so weiß es der Mensch
seit Menschengedenken.
Je nach Begabung und Möglichkeiten
lerne ich, um mich im Leben
und in der Welt zurechtzufinden.
In alter Zeit wurde die Würde des Lebens
an der Erfüllung meiner Möglichkeiten gemessen.
In unserer Gesellschaft wird der Mensch
am Einkommen, an der Stellung
und an seiner Durchsetzungskraft gemessen.
So sind Arbeit und Beruf
zu Ware und Besitz geworden.
Wer beides verliert, ist nahezu abgeschrieben.
Die Schule in jeder Form dient längst
der Vorbereitung auf Arbeit und Beruf.
Der Abschied vom Arbeitsleben
aus Krankheits- oder Altersgründen
ist fast ein Abschied aus der Gemeinschaft.

Ich träume davon,
dass der Mensch nach Herz und Seele gesehen
und nicht nach Leistung beurteilt wird.
Ich träume davon,
dass innere Bildung zur Grundlage
der äußeren Ausbildung ernannt wird.
Ich träume davon,
dass eine Gesellschaft
daran gemessen wird,
wie sie mit den zu kurz Gekommenen
und Beeinträchtigten umgeht,
und wie sie die Bösewichte bremst.
Dann ließen sich Arbeit und Beruf gerecht teilen
und würden im guten Sinne zweitrangig.
Ich träume davon,
dass solch ein Segen Einzug hält.
Ich träume nicht nur;
ich bete dafür.

Amen.

GLAUBE

Glaube ist die Antwort des Menschen
auf die Anziehungskraft Gottes.
Ich empfinde den Glauben
als ursprüngliche Mitgift des Schöpfers,
als bleibendes Erbe der Seele von Anfang an.
Wer sagt: ich glaube, nimmt damit
bewusst die Beziehung zum Schöpfer auf.
Damit wird die menschlichste
aller menschlichen Erinnerungen wach,
weil sie göttlich ist.
Glaube ist daher
in seinem Ursprung ein Geschenk,
in seiner Folge eine Antwort
und in seiner Konsequenz Gestaltung des Lebens.
So ist der Glaube
beileibe keine fromme Sonderveranstaltung
im Menschen.
Im Gegenteil: der Glaube
nimmt sämtliche Kräfte des Menschen in Anspruch,

setzt sie auf die Spur des Lebens,
erweitert den Horizont
und begrenzt den Hochmut,
nimmt in Verantwortung
und befreit zur Gestaltung.
Das alles findet im Alltag statt
und sonst nirgends.
Dafür hat Jesus aus Nazareth stets geworben,
dafür hat er gelebt, und dafür ist er gestorben.
So hat der Glaube zwei Seiten:
die eine ist Gott zugewandt
und die andere der Welt.
In der Gestalt Christi kommt dies zum Schnitt.
Deshalb nannte man ihn den Anfänger
und Vollender des Glaubens.
Der Glaube legt Wert auf Liebe, Freiheit,
Gerechtigkeit, Vergebung und Gewissen.
In diesen Bereichen
scheitert der Mensch immer wieder,

aber der Glaube orientiert ihn neu
und schwört ihn ein
auf die Hoffnung für das Leben.
Seinen Atem gewinnt der Glaube
aus dem ständigen Gespräch mit Gott.
Das will ich versuchen.

Amen.

GEBET

Ich spreche mein Gebet,
ich suche und finde Worte,
Worte, die zu groß oder zu klein sind.
Aber ich habe keine anderen.
Ich träume mein Gebet,
ich öffne mich und erlebe den Traum.
Aber der Traum ist zu groß und zu klein.
Ich weine mein Gebet,
ich lasse meine Trauer fließen.
Ich tanze mein Gebet
und bin versunken
in den Rhythmus der Schöpfung.
Ich singe mein Gebet,
ich suche und finde Lieder im Herzen,
und so bete ich meinen Jubel in den Himmel.
Ich male mein Gebet,
ich suche und finde Farben
in allen Tönen,
und das Bild wird ein Spiegel meiner Seele.

Ich frage und zweifle,
ich schweige und fluche,
ich danke und lobe,
ich lese und höre mein Gebet,
und in alledem weiß und glaube ich,
dass meine Gebete ihr Ziel finden,
denn Gott ist ja immer schon bei mir.
Ich breite mein Leben vor ihm aus,
und er breitet seinen Segen über mich
wie eine wärmende Decke.
Mein kürzestes Gebet heißt: Du! – Ich?

Amen.

DIE BIBEL

Mein gutes altes Buch.
Du wohnst bei mir
seit meiner Konfirmation.
Du hast dich mir nicht erschlossen.
Du bist alt und doch so jung.
Du bist kompliziert und doch so einfach.
Du birgst gestanzte Sätze
und bleibende Geschichten.
Du erzählst von Gott
und seinen Menschen.
Du nimmst kein Blatt vor den Mund;
du berichtest von Gnade und Gräuel.
Du bietest Gesetz und Gebot.
Du bietest Freiheit und Einladung.
Du bist in 1000 Jahren entstanden.
Deine Geltung reicht bis in die Zukunft.
Ich verehre dich, meine Bibel,
und gleichzeitig bist du mir so fremd.
Ich möchte dich verstehen

und scheitere immer wieder
an deiner Sprache,
an deiner Geschichte
und an deinen Rätseln.
Aber ich liebe dich.
Du gibst mir Auskunft
über Anfang und Vollendung,
über Gott und Zeit,
über Leben und Ewigkeit,
über die Jesus-Geschichte
und meinen Alltag.
Ich lese die Psalmen,
ich lese die Bergpredigt,
ich lese über Joseph und Mose,
über Jesaja und Hiob.
Ich lese mich selber.
Du meine Bibel, komm mir doch näher!
Ich mag dich, du Fremdling meiner Seele.
Du bist für mich wie ein Tresor

der Geheimnisse Gottes,
aufgeschrieben und eingeschrieben,
aber immer das Dokument der Wahrheit.
Du bist für mich
die Entfaltung des Segens Gottes,
den er seiner Welt vermacht
als bleibendes Erbe.
Bleib mir nahe, meine Bibel!

Amen.

KIRCHE

Mutter Kirche, du hast Falten im Gesicht.
Deine Kinder haben so viel Unrecht getan.
Deine Geschichte ist mit Blut getränkt.
Aber es ist nicht deine Schuld.
Du bist der Tresor der guten Botschaft.
Viele deiner Kinder
haben deine Liebe verschenkt,
haben deine Taufe gelebt,
haben dein Abendmahl
für Frieden und Freiheit gespendet
und haben dein Wort ausgebreitet,
stammelnd oft, aber in Vollmacht.
Ich gehöre zu deinen Kindern,
und ich bin nicht besser als die andern.
Aber ich möchte dein Echo
und dein Spiegel sein.
Ich will werben für das Nest
und die Oase der Freiheit,
die du gewährst.

Ich bete darum,
dass ich Werkzeug sein kann
für die Gestaltung einer Zukunft,
die der Erde dient.
Ich bete darum,
dass ich nicht vergeblich lebe.

Amen.

GOTTESDIENST

Ich konnte lange Zeit
nichts damit anfangen:
alte Lieder,
alte Texte,
alte Bekenntnisse,
alte Gebete,
alte Formen,
alte Menschen,
alte Räume,
alte Bilder.
Warum eigentlich?
Es ist doch eine neue,
frohe und junge Nachricht!
Dann entdeckte ich das Junge in dem Alten,
die Hoffnung in den Menschen,
den Einzelnen in der Gemeinschaft,
den Rhythmus in den Liedern,
das Beständige im Vergänglichen,
die Erkenntnis im Bekenntnis.

Modernität um jeden Preis bringt nichts.
Altertümlichkeit um jeden Preis bringt auch nichts.
Begeisterung im Gewohnten bringt viel.
Überzeugung im Verhalten gibt Hoffnung.
Johann Sebastian Bach bedeutet Fundament.
»Herr, deine Liebe ist wie Gras und Ufer«
ist ein Versuch.
Alles in allem aber ist der Gottesdienst
ein großer Reichtum:
Anschluss an die römischen Katakomben,
Anschluss an die ersten Gemeinden,
Verbindung rund um die Erde,
Vertiefung meines Glaubens,
Einbindung in die Familie der Christen,
Erweiterung meiner Kenntnisse,
Verinnerlichung der Erfahrungen,
Orientierung an der Wahrheit.
Gottesdienst!
Inzwischen oft armselige Mühe
der Hauptamtlichen.

Verkrampfung, Entleerung.
Dabei ist es eigentlich ein Fest,
das österliche Fest der Getauften,
die Erinnerung suchen und Ermutigung,
Signale und Impulse.
Und Segen sucht der Mensch,
der Zeitgenosse,
dichten, dicken Segen,
der Grenzen überschreitet
und Hindernisse abbaut;
Segen, der in den Alltag mitgeht.
»Komm, Herr, segne uns!«

Amen.

ERINNERUNGEN

Sie kommen von ganz allein:
die Erinnerungen.
Manche laufen über die Nase,
und die Gerüche der Kindheit werden wach.
Der Pfannkuchen oder die Vanillesoße.
Manche laufen über das Ohr,
und die Geräusche von früher
werden wach.
Die Nachtigall oder die Bomben.
Manche laufen über das Auge,
und die Bilder tauchen auf.
Schrecken oder Schönheit.
Manche laufen über die Zunge,
und der Geschmack wird wach.
Der Pudding oder das Schnitzel.
Die meisten laufen über das Gedächtnis,
und die Erlebnisse und Begegnungen
werden wach:
Gesichter und Menschen,

Gespräche und Erlebnisse,
Sätze, Gedichte, Texte,
Melodien, Eindrücke,
Feste und Feiern,
Trauer und Freude,
Landschaft und Bilder.
Ich lehne mich zurück
und sehe alles vor mir.
Ich träume und sehe Bilder.
Ich liege nachts wach
und sehe alles vor mir.
Was für eine Begabung des Menschen,
ein Gedächtnis zu haben,
das wie eine Datenbank arbeitet
und mir die Vergangenheit zuspielt,
aber eben auch die Lasten,
die Bedrückungen,
die Verzweiflungen
und Abgründe.

Mein Gott,
manchmal wünsche ich mir,
ich könnte alles löschen;
dann aber bin ich froh,
dass ich mit der Vergangenheit lebe,
um Zukunft zu finden.
Ist das Segen?

Amen.

GOLDENE KONFIRMATION

Wollt ihr versprechen …?
Und ich versprach!
Ich versprach es vor dem Altar,
dass ich bewusst Christ sein will
in meiner Kirche,
aufgrund meiner Taufe.
Jetzt kam die Einladung:
Goldene Konfirmation!
Meine Güte!
Schon 50 Jahre her.
Ich krame das Bild heraus,
ich muss lächeln:
diese dünnen Beine;
und die Garderobe!
Klamotten würde mein Enkel sagen.
Ob der Pastor noch lebt?
Er muss uralt sein.
Mühe hat er sich gegeben –
das weiß ich heute.

Aber unsere Gedanken
waren eigentlich immer woanders.
Ob Herbert noch lebt?
Den mochte ich sehr. –
Ich weiß meinen Konfirmationsspruch nicht mehr!
»Lobe den Herrn, …« Und dann?
Habe ich eigentlich in meinem Versprechen gelebt?
Ich weiß es nicht.
Wir mussten regelmäßig zum Gottesdienst gehen.
Später wurde das wenig, sehr wenig.
Ich gebe es zu.
Ich habe auch oft die Vorurteile anderer
gegenüber der Kirche übernommen.
Warum eigentlich?
Ich hatte keine Argumente.
Gott bin ich wohl treu geblieben.
Soll ich zum Fest fahren?
Ich kenne doch kaum noch jemanden.
Doch, ich werde!

Ich will versuchen,
wieder Anschluss zu gewinnen.
Ich will meinen Glauben fragen,
ob er es noch einmal mit mir wagt?
Ich möchte den Segen wieder spüren,
der mich damals tief durchdrang.
Und das möchte ich
am Schluss des Vaterunsers
noch einmal richtig sagen:

Amen.

GOLDENE HOCHZEIT

Ich freue mich auf unseren Tag.
Ich mich auch.
50 Jahre, meine Frau, 50 Jahre!
Das ist ein halbes Jahrhundert!
Jetzt sind wir beide über 70.
Das nennt man wohl Gnade, nicht wahr?
Ja, ich glaube, das nennt man Gnade.
Dabei bargen die Jahre auch viel Last.
Auch viel Krankheit und Sorge.
Wir haben alles gemeinsam getragen.
Musstest Du mir viel vergeben?
Nicht mehr, als meine Liebe zu schenken hatte.
Das hast du wunderbar gesagt.
Ich freue mich besonders auf die Kirche.
Es ist eben 50 Jahre her.
Die Zeit war anders.
Die Zeit war nicht anders,
wir waren anders.
»Nun danket alle Gott!«

Das wollen wir singen.
Und »Großer Gott, wir loben dich.«
Einverstanden?
Gern. – Ich weiß nur nicht, ob ich knien kann?
Wir werden ja sehen.
Du, ich bin aufgeregt.
Es ist etwas Altmodisches,
was ich dir gern sagen möchte:
Ich liebe dich.
Es ist nicht altmodisch;
es ist einfach schön.
Ich wünsche mir auch den Segen!
Hoffentlich legt er uns die Hände auf den Kopf.
Hoffentlich, denn der Segen
war in allen Augenblicken unserer Ehe
wie ein Schirm, der uns behütet hat.
Beide dachten im Herzen:

Amen.

ANGST

Ich habe Angst.
Sie kriecht mir zwischen den Schulterblättern
durch in den Nacken.
Sie schleicht sich aus dem Bauch
in die Kehle.
Ich kann es nicht mehr aushalten:
das Angstgestöber
in Herz, Kopf und Seele.
Manchmal kommt sie
gespenstisch in Fetzen;
zuweilen meine ich,
sie lauert mir auf,
vor allem, wenn es dunkel wird,
wenn es in die Nacht geht,
wenn ich allein bin,
wenn meine Gedanken am Abgrund stehen
und mein Grübeln zum Tunnel wird.
Du verstehst mich, mein Gott.
Du hast am Kreuz geschrien,

du hast die Angst durchlitten,
du hast gesagt:
In deine Hände befehle ich meinen Geist! –
Ich kann das so nicht, aber ich sage:
In deine Hände befehle ich meine Angst.
Ermutige mich, mein Gott.
Kämpfen kann ich nicht.
Meine Kräfte sind zu klein.
Aber beten kann ich.
Gib Hoffnung in mein Herz.
Ich will leben.
Erfülle mich mit deinem Segen,
damit meine Angst keine Luft mehr bekommt.

Amen.

KRANKHEIT

Mein Leben gerät aus den Fugen.
Ich bin sehr krank.
Meine Gedanken wirbeln durcheinander.
Ich bin sehr krank.
Mein Gott, wo bist du?
Meine Ängste stapeln sich.
Mein Gott, wo bist du?
Sie meinen es alle gut mit mir,
die Ärzte, die Schwestern,
die Familie, die Freunde
und die Nachbarn.
Sie meinen es gut.
Ich sehne mich nach einem Engel,
der bei mir Wache hält
und mich behütet.
Ich sehne mich nach einem Engel,
der mich tröstet
und Licht in meine Seele bringt.
Ich sehne mich nach einem Engel,

der mich hält
und mir Obhut gewährt.
Ich sehne mich nach einem Engel,
der mich segnet
und mir die Hand auflegt,
deine Hand, mein Gott.

Amen.

HOHES ALTER

Gesegnet sind die nun vergangnen Jahre;
gesegnet ist die helle, dunkle Zeit,
auf dass ich sie tief drin in mir bewahre
in Trauer und in kühner Heiterkeit.

Was ich in Angst und Hoffnung jetzt erfahre,
hält Gott seit langem schon für mich bereit:
das Ende, die Vollendung und das Wahre
gleich jenseits meiner Zeit in Ewigkeit.

Die Tage werden dunkel und die Lieder leise.
Der lange Weg bereitet mir Beschwerden.
Die Zeit bekommt so plötzlich ein Gewicht.

Doch glaube ich: Am Ende meiner langen Reise
und in der bangen Frage: Was wird werden?
steht ganz am Ende dieses Tunnels nur dein Licht.

Amen.

TOD

Der Tod trägt ein Antlitz und hat Würde.
Der Tod hat ein Gesicht und zeigt Wahrheit.
Der Tod trägt eine Maske und verbirgt sein Wesen.
Der Tod hat eine Fratze und offenbart Gemeinheit.
Im Tod sind eben nicht alle Menschen gleich.
Dass alles Leben sterben muss, leuchtet mir ein.
Dass es aber so viel rohes, grausames,
ungerechtes, gemeines und gequältes Sterben gibt,
mag ich weder einsehen noch dulden.
Dagegen müssen wir eine Koalition
der Widerständigen bilden,
weil Gott ein Gott des Lebens ist.
Ich werde sterben, das weiß ich.
Wann, wie und wo? Das weiß ich nicht.
Ich weiß und glaube aber,
dass Gott keinen speziellen Sterbebefehl erlässt.
Doch ich glaube und bin davon überzeugt,
dass Gott in allem Sterben anwesend ist:
dass er meiner Seele die Stirn kühlt;

dass er meinem Herzen die Hand hält;
dass er meinem Geist über den Kopf streichelt;
dass er meine Angst ernst nimmt und auf sich nimmt;
dass er meiner Hoffnung die Richtung weist
und meine Tränen wie Kostbarkeiten sammelt
und aufbewahrt.
Ich wünsche mir so sehr,
dass an meinem Sterbebett
wenigstens ein Mensch sitzt,
der es gut mit mir meint.
Ich wünsche es jedem Menschen,
dass in seinem Sterbeaugenblick
Gott an seiner Seite sitzt
und den Segen der Ewigkeit spendet,
der neues Leben eröffnet
und die Trauernden tröstet.
Darum bete ich.

Amen.

TRAUERFEIER

Ich sitze in der Kirche.
Erstaunlich, dass so viele Menschen
gekommen sind.
Ich freue mich darüber.
Ich bin mit meinen Kräften am Ende.
Die letzten Tage haben alles gefordert.
Für die Anzeige hatten wir die Zeilen
von Dietrich Bonhoeffer gewählt:
»Von guten Mächten
wunderbar geborgen ...«
Ich spüre diese Mächte;
sie tragen wirklich.
In die kleinen Kräfte fließen neue Ströme.
Ich freue mich darüber.
Meine Augen wandern zum Sarg.
Ja, der Bestatter hat alles gut gemacht.
Ich will ihm das später sagen.
Die Blumen sprechen ihre eigene Sprache.
Ich denke an die Bergpredigt:

»Seht die Lilien auf dem Felde ...
Seid ihr denn nicht viel mehr als sie?« –
Dieses »viel mehr« sehe ich im Sarg nicht.
Doch der Organist spielt »Wachet auf ...«!
Das tut gut. Das ist wunderbar.
Meine Blicke wandern zum Kreuz
über dem Altar.
Dieser Eine hat die Tür
zum neuen Leben weit aufgemacht.
Ich muss abgeben lernen,
ich muss zurückgeben lernen.
Ich weiß das. Es ist so schwer.
Die Worte des Pastors
erreichen zunächst nur meinen Kopf,
nicht aber mein Herz.
Aber plötzlich horcht mein Herz auf:
Gott segne deinen Abschied
und dein Willkommen in der Ewigkeit.
Willkommen in der Ewigkeit! –

Ich merke gerade,
wie ich mitspreche:
Denn dein ist das Reich …
Da öffnet sich mir das »viel mehr«
und Ruhe zieht ein und Segen
und mit ihm viel Hoffnung.

Amen.

ZEIT UND EWIGKEIT

Die Ewigkeit ist die Zeitmutter;
denn alle Zeiten werden von ihr geboren,
und alle Zeit bleibt in ihr bewahrt,
auch meine Zeit, mein Leben.
Auch diese Worte sind nur Bilder;
denn es ist vermessen,
von Ewigkeit reden zu wollen,
weil sie Gottes ureigenen
Hoheitsraum kennzeichnet.
Aber mit meinen Worten
tastet sich mein Glaube
leise und zaghaft
an das Unfassliche heran,
weil ich Geborgenheit und Sinn suche.
In meiner Kindlichkeit
helfen mir solche Bildworte,
die mir wie Gleichnisse klarmachen,
dass alles Leben seine Herkunft
in Ewigkeit hat

und seine Zukunft
in Ewigkeit findet.
So werden diese Wortbilder
zu leuchtenden Kerzen,
die die rätselhafte Dunkelheit erhellen,
die mich befällt,
wenn ich an meine Grenzen gerate.
Mit diesem Glauben
verliert meine Zeit mehr und mehr
ihre Bedeutung nach Länge oder Kürze,
und sie gewinnt mehr und mehr
an Tiefe und Gewicht,
also auch an Würde.
Kein Kreislaufdenken mehr,
keine Jungbrunnenmagie,
kein Wettlauf mit der Zeit,
kein »Zeit ist Geld«,
kein »Ich habe keine Zeit«,
kein Zeitdruck.

Stattdessen: mit meiner Zeit
bin ich in der Ewigkeit gut aufgehoben.
Mit diesem Glauben
kann ich mich umso mehr
meiner Zeit widmen
und meinen Zeit-Genossen zuwenden.
Dann ist das Leben gesegnete Zeit.

Amen.

KULTUR

Das Wort Kultur ist wie ein großes Haus
mit vielen, vielen Zimmern.
An diesem Haus bauen
die Menschen und Völker
seit undenklicher Zeit.
Kultur ist das Ergebnis
des Gestaltungswillens:
entdecken, erfinden, komponieren,
dichten, formen, malen,
singen, sprechen, bauen,
meißeln, kochen, backen,
nähen, sticken, stricken,
basteln, denken, beten, glauben.
Man könnte eine riesige Liste
von Wörtern finden, die allesamt
einen Schlüssel zum Haus der Kultur haben.
Speziell die Kirchengeschichte ist voll
von überraschender Schönheit:
Kathedralen und Dome,

Kirchen und Häuser,
Schnitzkunst und Malerei,
Kompositionen und Dichtung,
Theater und Glasarbeiten.
Ich kann nur staunen über den Reichtum
menschlicher Einfälle aus Glauben und Gebet.
Dazu gehört dann auch die Kultur
im Umgang mit der Schöpfung
und im Umgang mit den Menschen,
in Jubel und Klage,
Freude und Trauer,
Hoffnung und Zweifel.
Dieser innere und äußere Reichtum
ist ein mächtiges Bollwerk
gegen Gift und Zerstörung,
gegen Misstrauen und Gewalt.
Deshalb hoffe ich,
dass viele Menschen mit mir zusammen
solchen Segen entdecken,

der zum Staunen führt und zum Danken;
denn das sind die Elemente,
die das Gewissen prägen
und die Zukunft offen halten.
Guter Gott, steh uns bei!

Amen.

SEGEN

Gott nehme dich in die Arme,
um dir seine wärmende Nähe zu schenken.
Gott öffne dir die Augen,
damit du das Staunen
über seine Wunder lernst.
Gott öffne dir die Ohren,
damit du die Klänge
seiner Schöpfung vernimmst.
Gott schärfe dir dein Gewissen,
damit du nach seiner Wahrheit lebst.
Gott schenke dir das Lächeln,
damit du deine Ängste
mit Gelassenheit bestehst.
Gott füge deine Hände ineinander,
damit du beten lernst.
Gott lenke deine Füße,
damit du auf dem Wege
und im Sinn bleibst.
Gott zeige dir seine Liebe,

damit du sie anderen Menschen
spenden kannst.
Gott umhülle dich mit seinem Segen,
damit deine Dankbarkeit wächst.
So segne dich Gott, der Vater,
der Sohn und der Heilige Geist.

Amen.

Die Deutsche Bibliothek – CIP-Einheitsaufnahme

Spangenberg, Peter:
Ich wünsche mir einen Engel : Segensgebete mitten im Alltag / Peter Spangenberg. - Leipzig : Evang. Verl.-Anst., 2002
ISBN 3-374-01983-8

1. Auflage 2002
ISBN 3-374-01983-8
© by Evangelische Verlagsanstalt GmbH, Leipzig
Printed in Germany · H 6774
Umschlagbild: Anja H. Förster
Umschlaggestaltung und Typografie: Ulrike Vetter, Leipzig
Druck und Binden: Druckerei zu Altenburg